essentials

Essentials liefern aktuelles Wissen in konzentrierter Form. Die Essenz dessen, worauf es als „State-of-the-Art" in der gegenwärtigen Fachdiskussion oder in der Praxis ankommt. *Essentials* informieren schnell, unkompliziert und verständlich

- als Einführung in ein aktuelles Thema aus Ihrem Fachgebiet
- als Einstieg in ein für Sie noch unbekanntes Themenfeld
- als Einblick, um zum Thema mitreden zu können

Die Bücher in elektronischer und gedruckter Form bringen das Fachwissen von Springerautor*innen kompakt zur Darstellung. Sie sind besonders für die Nutzung als eBook auf Tablet-PCs, eBook-Readern und Smartphones geeignet. *Essentials* sind Wissensbausteine aus den Wirtschafts-, Sozial- und Geisteswissenschaften, aus Technik und Naturwissenschaften sowie aus Medizin, Psychologie und Gesundheitsberufen. Von renommierten Autor*innen aller Springer-Verlagsmarken.

Frank Como-Zipfel

Das Modell „Konzept-Methode-Technik" in der Handlungslehre der Sozialen Arbeit

Versuche, Variationen und Visualisierungen

 Springer VS

Frank Como-Zipfel
Fakultät Angewandte
Sozialwissenschaften
Technische Hochschule
Würzburg-Schweinfurt
Würzburg, Deutschland

ISSN 2197-6708   ISSN 2197-6716 (electronic)
essentials
ISBN 978-3-658-49291-5   ISBN 978-3-658-49292-2 (eBook)
https://doi.org/10.1007/978-3-658-49292-2

Die Deutsche Nationalbibliothek verzeichnet diese Publikation in der Deutschen Nationalbibliografie; detaillierte bibliografische Daten sind im Internet über https://portal.dnb.de abrufbar.

Springer VS ist ein Imprint der eingetragenen Gesellschaft Springer Fachmedien Wiesbaden GmbH und ist ein Teil von Springer Nature.
Die Anschrift der Gesellschaft ist: Abraham-Lincoln-Str. 46, 65189 Wiesbaden, Germany

Was Sie in diesem *essential* finden können

- Einführende Beschreibung der komplexen Methodenlandschaft und der kontroversen Methodendebatten in der Sozialen Arbeit
- Darstellung und Diskussion des Modells Konzept-Methode-Technik als Ordnungsversuch von Geißler und Hege
- Darstellung und Diskussion der späteren Variationen dieses Modells durch Galuske, Kreft und Müller
- Praxisbezogene Beispiele und Visualisierungen zum Modell Konzept-Methode-Technik
- Kritische Reflexion der bisherigen Modelle und Ordnungsversuche

Vorwort

Diese Publikation findet ihren Entstehungshintergrund findet in den Erfahrungen, die ich über viele Jahre in Vorlesungen und Seminaren über *Sozialpädagogische Methoden* im Bachelor- und Master-Studiengang Soziale Arbeit an der Technischen Hochschule Würzburg-Schweinfurt gesammelt habe. Daher ist sie nicht nur als ein Beitrag zur allgemeinen Methodenlehre der Sozialen Arbeit gedacht, sondern auch als ein didaktisches Material, das in akademischen Lehre eingesetzt werden kann. Im Mittelpunkt steht die Darstellung und Diskussion des Modells *Konzept-Methode-Technik* von Karlheinz Geißler und Marianne Hege sowie der beiden späteren Variationen dieses Modells durch Michael Galuske, Dieter Kreft und C. Wolfgang Müller. Ein Wissen um dieses mittlerweile klassische Modell und seiner Variationen ist für Studierende der Sozialen Arbeit notwendig, denn es stellt einen wichtigen Orientierungsrahmen dar, der dazu beiträgt, die äußerst komplexe Methodenlandschaft, die vielfältigen Handlungskonzepte und deren z.T. unpräzise Terminologie zumindest partiell zu strukturieren und zu verorten.

Der hat der nachfolgende Text hat die Ziele:

1. Grundlegende Informationen über die kontroversen Methodendiskurse und dievielschichtige Methodenlandschaft in der Sozialen zu vermitteln;
2. Den Charakter und die Systematik des Modells „Konzept-Methode-Technik" sowie die späteren Variationen dieses Modells darzustellen und kritisch zu diskutieren;
3. Durch praxisbezogene Beispiele und Visualisierungen ein didaktisches Material für die Vermittlung dieses Modells in der Lehre bereitzustellen.

Für die Arbeit an dieser Publikation wurde ich von der Technischen Hochschule Würzburg im Rahmen eines halben Forschungssemesters dankenswerterweise freigestellt.

Mai 2025   Frank Como-Zipfel
Würzburg

Interessenkonflikt Der/die Autor*in hat keine für den Inhalt dieses Manuskripts relevanten Interessenkonflikte.

Inhaltsverzeichnis

Die Ausgangslage: Eine ungeordnete Methodenlandschaft

Bereits seit vielen Jahrzehnten ist die hohe Anzahl der Publikationen über Methoden der Sozialen Arbeit im deutschsprachigen Raum ist selbst für erfahrene Fachleute nicht mehr zu überblicken und verteilt sich über eine Vielzahl von Monographien, Sammelbänden und Beiträgen in Fachzeitschriften. Aber nicht die Fülle dieser Veröffentlichungen alleine, sondern vor allem deren ausgeprägte inhaltliche Heterogenität tragen zum Bild einer unüberschaubaren und widersprüchlichen Methodenlandschaft in der Sozialen Arbeit bei. Zudem erscheinen die Inhalte dieser Veröffentlichungen nicht nur äußerst divers und komplex, sondern auch widersprüchlich und verwirrend. So stehen umfangreiche Lehrbücher mit einem allgemein-einführenden Charakter neben speziellen Publikationen über Methodenschulen (z. B. Systemische Sozialarbeit, Verhaltensorientierte Sozialarbeit), über Verfahren in einzelnen Arbeitsfeldern (z. B. Kinder- und Jugendhilfe, Migrationshilfen) oder über methodenintegrierende Konzepte (z. B. Klinische Sozialarbeit). Hinzu gesellen sich noch Veröffentlichungen über Theorien der Sozialen Arbeit (z. B. Lebensweltorientierung, Lebensbewältigung), die wiederum große Schnittflächen mit Konzepten methodischen Handelns haben können.

Die inhaltliche Heterogenität der Methodenpublikationen trägt bisweilen zu einem unsystematischen Gebrauch von Fachbegriffen ohne nennenswerte Trennschärfe bei, der zu einem terminologischen Nebeneinander und Durcheinander von Überbegriffen in der allgemeinen Methodenlehre führt. Beispiele: methodisches Handeln, klassische Methoden, Methodenkonzepte, engeres Methodenverständnis, weiteres Methodenverständnis, Handlungskonzepte, Handlungsformen, Handlungsplan, Handlungsstrategien, Handlungsansätze, Handlungsprinzipien, sozialpädagogische Praxis, Praxismodelle, Praxistheorien, sozialpädagogische

F. Como-Zipfel, *Das Modell „Konzept-Methode-Technik" in der Handlungslehre der Sozialen Arbeit*, essentials, https://doi.org/10.1007/978-3-658-49292-2_1

Diagnostik, sozialpädagogisches Fallverstehen, sozialpädagogische Interventionen, soziale Einzelfallhilfe, soziale Gruppenarbeit, Gemeinwesenarbeit, Arbeitsprinzipien, Verfahren, Techniken. Hinzu kommen noch Dutzende Spezialbegriffe aus den Methodenschulen, Theorien und den Arbeitsfeldern. Folgerichtig kritisieren Dieter Kreft und C. Wolfgang Müller (2008), dass die Fachpublikationen über die Methoden der Sozialen Arbeit ein häufig ein „Begriffswirrwarr" (S. 135) produzieren und dass „mit ihrer Vielfalt unterschiedlicher Definitionen und häufig wenig strukturiert (…) eine fast babylonische Erklärungsverwirrung" (S. 134) entsteht. Dementsprechend beklagen auch Karlheinz A. Geißler und Marianne Hege (2007), dass die Methodenlandschaft der Sozialen Arbeit vor allem durch eine beliebige Mannigfaltigkeit, einen unsystematischen Eklektizismus und eine „Ansammlung von einzelnen Methodenkompetenzen" (S. 18) gekennzeichnet ist. Durch diesen „additiven Methodenpluralismus" (S. 19) wird den Fachkräften zwar eine „Scheinfreiheit" (ebd.) suggeriert, die letztlich aber die angestrebte Entwicklung einer professionellen Identität behindere. Es fehlt dadurch ein umfassendes Konzept professionellen Handelns in der Sozialen Arbeit, das den Fachleuten in der Praxis, im Studium und in der Lehre eine nachvollziehbare Orientierung geben könnte.

Die Kritik an den der Methoden der Sozialen Arbeit im deutschsprachigen Raum ist nicht neu. Bereits Ende der 1960er Jahren beginnen kontroverse Debatten, die noch bis auf die heutigen Methodendiskurse Auswirkungen haben. Die Gründe hierfür sind vielfältiger Natur. Doch von Anfang an: Nach den Zäsuren der nationalsozialistischen Diktatur und des Zweiten Weltkriegs kam es in der Bundesrepublik Deutschland zum Wiederaufbau und zur Erneuerung der Wohlfahrtsorganisationen, der sozialen Sicherungssysteme und der Ausbildung in der Sozialen Arbeit (Amthor 2012, S. 193ff.). Im Zuge der West-Integration der Bundesrepublik in den 1950er Jahren wurden aus dem anglo-amerikanischen Sprachraum die sogenannten *Drei klassischen Methoden der Sozialarbeit* übernommen: die Soziale Einzelfallarbeit (Social Casework), die Soziale Gruppenarbeit (Social Group Work) und die Gemeinwesenarbeit (Community Organisation bzw. Development for Social Welfare). Allerdings ist festzustellen, dass die drei klassischen Methoden keine Methoden im eigentlichen Sinne sind, sondern – je nach Lesart – „Sozialformen" (Galuske 2013, S. 165; Kreft und Müller 2017, S. 17; Spatscheck 2023, S. 573), die der Kommunikation in speziellen Situationen geschuldet ist, oder „Arbeitsfelder, in denen bestimmte Methoden einzusetzen sind" (Bartmann 2013, S. 21). Zudem beruhen die drei klassischen Methoden auf keinem eigenständigen wissenschaftlichen Lehrgebäude – wie z. B. die psychotherapeutischen Methodenschulen. Dennoch stellen sie seit jeher bedeutende Rahmenbedingungen in der Praxis dar, mit spezifischen

Handlungsvollzügen, Institutionen, Netzwerken, Arbeitsbündnissen, Gestaltungs- und Organisationsaspekten (z. B. Auftrag und Kontext der Dienstleistung, Ort, Räumlichkeit, zeitlicher Rahmen, Kooperationen). Zudem beinhalten die drei klassischen Methoden strukturierte Vorgehensweisen für die Praxis (Informationsgewinnung, Diagnostik, Zieldefinition, Intervention, Evaluation), die fest in den Lehrplänen der damaligen Höheren Fachschulen etabliert wurden und somit die Methodendiskussion der Sozialen Arbeit in der 1950er und -60er Jahren repräsentierten. Dieser überschaubare Kanon wurde zum Ende der 1960er durch eine hochpolitisierte Studierendenbewegung massiv kritisiert und methodisches Handeln generell infrage gestellt – Geißler und Hege nennen die damaligen Proteste „pädagogische Maschinenstürmerei" (2007, S. 18). In der Kritik standen neben der mangelnden theoretischen Fundierung der klassischen Methoden, vor allem die vermeintliche Pathologisierung der Klientel sowie der fehlende gesellschaftskritische Diskurs innerhalb der Sozialen Arbeit (Galuske 2013, S. 115ff.; Spatscheck 2022, S. 537 f.). Letztlich hatten die Studierendenproteste eine nachhaltige Wirkung auf die Gestaltung der Lehre in der Sozialen Arbeit, indem nun auch sozialwissenschaftliche Inhalte ihren festen Platz in den Curricula erhielten. Zeitgleich neben dieser Erweiterung des Lehrangebots, entwickelte sich in den einzelnen Bundesländern durch die Umwandlung der Höheren Fachschulen zu Fachhochschulen zwischen 1969 und 1972 eine Akademisierung der Sozialen Arbeit und damit eine bedeutende bildungspolitische Aufwertung und Neuorientierung des Berufsbilds, der professionellen Identität und des Selbstverständnisses der Fachkräfte in Theorie und Praxis.

Dieser Prozess wurde durch eine weitere inhaltliche Ergänzung im Verlauf der 1970er und -80er Jahre unterstrichen: die Integration von unterschiedlichen psychotherapeutischen Perspektiven in die Methodenlehre der Sozialen Arbeit. Michael Galuske (2013) spricht in diesem Zusammenhang von einem „Psychoboom" (S. 135) und einer „Therapeutisierung der Sozialarbeit" (S. 136). Die Attraktivität von in der Praxis erprobten und traditionsreichen psychotherapeutischen Ansätze für die Soziale Arbeit lag und liegt darin, dass sie den kompletten Ablauf eines Hilfeprozesses – von Erstgespräch bis zur Katamnese – skizzieren und den Fachkräften zur Verfügung stellen. Zudem stehen diese Ansätze nicht im Widerspruch zu den Klassischen Methoden – im Gegenteil, sie können insbesondere in die Einzelfallhilfe und die Gruppenarbeit integriert werden, wie es bereits vor dem zweiten Weltkrieg in der amerikanischen Sozialarbeit praktiziert wurde (Geißler und Hege 2007, S. 37; Como-Zipfel 2013, S. 16 f.). Mit dem Einzug von Aspekten der Psychoanalyse, Tiefenpsychologie, Systemischen Familientherapie, klientelzentrierten Gesprächstherapie, Gestalttherapie oder Verhaltenstherapie in den Methodenkanon der Sozialen Arbeit wurden jedoch nicht nur einzelne Techniken importiert, sondern auch geschlossene Lehrgebäude mit spezifischen wissenschaftlichen Theorien, Anthropologien, Handlungskonzepten, Verfahren, Werten und vor allem Terminologien. Ein Prozess, der durchaus noch zur Steigerung der o. g. Komplexität in der Methodenlandschaft beigetragen hat. Ebenso wie die notwendige Etablierung von zielgruppenübergreifenden, methodenintegrierenden Fachkonzepten in den 1990er und 2000er Jahren wie z. B. Case Management oder Traumapädagogik.

Um die lange Tradition der kontroversen Methodendebatte nachvollziehen zu können ist also ein Blick in die Zeitgeschichte der Sozialen Arbeit im deutschsprachigen Raum notwendig. Dieser Blick ist auch deshalb notwendig, weil die Methodendebatte – unter veränderten Vorzeichen – bis in die Gegenwart anhält. Zudem ist es notwendig, die zentrale Bedeutung von Methoden in der Sozialen Arbeit hinzuweisen: Einerseits weil es in der Praxis an fachlich begründeten Handlungsanleitungen und an erprobtem und bewährten Handlungsmöglichkeiten bedarf; andererseits weil sie aus berufspolitischer Sicht ein notwendiges Element in der Entwicklung und Konsolidierung der Sozialen Arbeit als Profession sind (Galuske und Müller 2012, S. 589). Methoden bilden einen fachlichen Kern und das „Aushängeschild" (Bartmann 2013, S. 13) von allen akademischen Berufsbildern. Nach Ansicht von Müller (1998, S. 27) hat es die Soziale Arbeit seit den frühen 1970er Jahren versäumt, Fragen ihres Methodenrepertoires und ihrer Methodenlehre ernst zu nehmen und in diesem Bereich ein charakteristisches Profil zu entwickeln, was letztlich die Gefahr einer Deprofessionalisierung mit sich bringt. Müllers pessimistische Perspektive stammt aus dem Jahr 1998 – sie ist aber in Anbetracht der Ökonomisierung der Praxis der Sozialen Arbeit seit den frühen 2000er Jahren (Buestrich und Wohlfahrt 2008, S. 17ff.) und dem dortigen Ausbau von Qualitätssicherung, Wirkungsmessung, Dokumentation und Digitalisierung nach wie vor aktuell. Vor diesem komplexen Szenario begegnen uns in der Fachliteratur aber auch einige wenige Versuche, eine Ordnung, Systematik und Struktur in die Methodenlandschaft zu bringen. Im Folgenden wird das Modell „Konzept-Methode-Technik" von Geißler und Hege aus dem Jahr 1978 dargestellt, dem in der deutschsprachigen Fachliteratur wohl am breitesten rezipierten Ordnungsversuch. Zudem werden Modifikationen und Variationen dieses Modells vorgestellt, die von nachfolgenden Autoren (Michael Galuske; Dieter Kreft & C. Wolfgang Müller) entwickelt wurden und ebenfalls auf eine umfangreiche Rezeption in der Fachwelt gestoßen sind.

Das Modell „Konzept-Methode-Verfahren (Technik)" von Geißler und Hege

2

Im Jahr 1978 wurde das Buch *Konzepte sozialpädagogischen Handelns* von Karlheinz Geißler (1944–2022), seinerzeit Professor für Berufs- und Sozialpädagogik an der Hochschule der Bundeswehr in München, sowie Marianne Hege (*1931), Professorin für Psychologie und Methoden der Sozialpädagogik an der Fachhochschule München, veröffentlicht, in dem erstmals das Modell „Konzept-Methode-Verfahren (Technik)" dargestellt wurde. Diese Publikation wurde in der Fachwelt über Jahrzehnte breit rezipiert, erreichte bis ins Jahr 2007 insgesamt 11. Auflagen und gilt mittlerweile als Klassiker in der Literatur über Methoden der Sozialen Arbeit. Insbesondere ihr Modell, das später in der Literatur i. d. R. nur noch als „Konzept-Methode-Technik" bezeichnet wird, wurde in der Fachwelt immer wieder als Ordnungsschema, das der unüberschaubaren Methodenlandschaft einen Orientierungsrahmen gibt, diskutiert und modifiziert. Und bis in die Gegenwart beziehen sich einschlägige Fachpublikationen immer wieder explizit auf das Modell von Geißler und Hege – exemplarisch sei hier auf die neueren Arbeiten von Christian Spatscheck (2022) oder Ralph Amthor (2023) über Methoden der Sozialen Arbeit hingewiesen.

In ihrem Modell entwerfen Geißler und Hege eine hierarchische Rahmenstruktur für ein planvolles, zielgerichtetes methodisches Handeln in der Sozialen Arbeit, das aus drei miteinander verknüpften Ebenen besteht: dem Konzept, den Methoden und den Verfahren bzw. der Technik. Diese drei Ebenen bilden ein Ganzes, stehen in einem inhaltlich begründeten Gesamtzusammenhang, sind nicht voneinander zu trennen und interagieren untereinander (siehe Abb. 2.1).

Die erste Ebene bildet das Konzept, das im Rahmen eines sozialpädagogischen Hilfeprozesses ein übergeordnetes Handlungsmodell ist, in dem die Ziele, die Inhalte, die Methoden und die Verfahren bzw. Techniken in einen sinnhaften

F. Como-Zipfel, *Das Modell „Konzept-Methode-Technik" in der Handlungslehre der Sozialen Arbeit*, essentials, https://doi.org/10.1007/978-3-658-49292-2_2

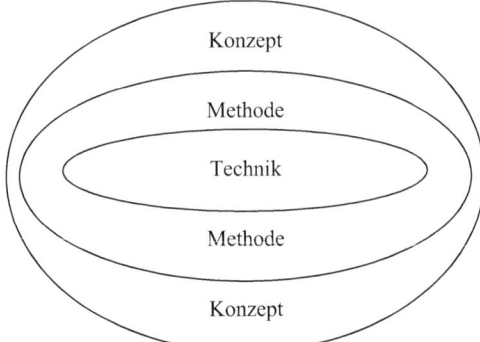

Aus: Galuske, Methoden der Sozialen Arbeit, © 2013 Beltz Verlag, Weinheim Basel

Abb. 2.1 Konzept – Methode – Technik. (Aus: Galuske, Methoden der Sozialen Arbeit, © 2013 Beltz Verlag, Weinheim Basel)

Zusammenhang gebracht werden. Dieser Sinn findet sich in der Begründung und der Rechtfertigung der Intervention. Das Konzept ist der zentrale planerische Inhalt für einen Hilfeprozess, der zunächst nur ein prognostisches, gedankliches Gebilde ist, das sich auf ein zu erwartendes Allgemeines bezieht. Konzepte sind zudem Träger politischer, sozialer und ethischer Wertmaßstäbe, in denen sich Menschenbilder, gesellschaftliche Auseinandersetzungen und Machtkonstellationen spiegeln: d. h. Konzepte sind immer nur in Abhängigkeit von ihrer historischen Entwicklung und dem (wissenschaftlichen) Zeitgeist zu verstehen (Geißler und Hege 2007, S. 20 f., 27, 33)

Auf der zweiten Ebene befinden sich die Methoden. In einem sozialpädagogischen Hilfeprozess sind die Methoden einerseits elementare Teilaspekte von Konzepten; andererseits Pläne bzgl. der Vorgehensweise zur Erreichung eines bestimmen Ziels, das sich aus wiederum dem Konzept ableitet. Methoden können also nicht aus den umfassenden konzeptionellen Überlegungen herausgelöst werden, denn sie würden dadurch ihren Sinn im Zusammenhang mit dem jeweiligen Hilfeprozess verlieren. Der Bezugspunkt beim Einsatz von Methoden muss immer das hilfesuchende Individuum sein – zugleich muss der Methodeneinsatz dem Wesen des Problems in seiner sozialen Einbettung gerecht werden. (ebd. S. 21 f., 25)

Die dritte Ebene umfasst die Verfahren bzw. die Techniken. Beide Begriffe bewegen sich auf der gleichen hierarchischen Ebene und werden bisweilen synonym verwendet. Verfahren und Techniken sind Einzelelemente von Methoden und umfassen erprobte professionelle Praktiken, standardisierte Anwendungen und konkrete Handlungsanweisungen – deren Wirkung i. d. R. vorhersehbar ist. Im Rahmen einer sozialpädagogischen Intervention setzten Verfahren und Techniken den Plan der Vorgehensweise aus dem Konzept und den Methoden in der konkreten Praxis um und dienen der Erreichung des Gesamtziels. Der Einsatz von Verfahren bzw. Techniken im Rahmen eines sozialpädagogischen Hilfeprozesses bedarf: 1. eine tragfähige Arbeitsbeziehung zwischen Fachkraft und Klient*in; 2. die entsprechenden inhaltlichen Kompetenzen bei der Fachkraft; 3. eine fundierte Analyse der individuellen bzw. Problemlage eines/r Klient*in. (ebd. S. 25 f., 30)

Das Modell von Geißler und Hege war im Jahr seiner Erstveröffentlichung vor allem aufgrund von zwei neuartigen Perspektiven innovativ:

Perspektive 1 Geißler und Hege erweitern das bis dahin in der Sozialen Arbeit breit rezipierte *enge Methodenverständnis,* das an einem alltäglichen Sprachgebrauch orientiert ist und in einer Methode lediglich das planmäßige Vorgehen zur Erreichung eines Zieles bzw. zur Lösung eines Problems sieht (z. B. Schilling 1903, S. 65 f.). Dieses enge Verständnis, konzentriert sich alleine auf die rein technische Frage *wie kann dieses Ziel erreicht werden?* Also die Frage nach der spezifischen Art und Weise des Handelns und des Verhaltens um eine definierte Aufgabe zu erledigen. Diese Fragen sind im Modell von Geißler und Hege ebenfalls wichtig und finden sich auf der Methoden-Ebene und der Technik-Ebene. Aber durch deren Einbettung in das übergeordnete Konzept wird die Perspektive eines sozialpädagogischen Hilfeprozesses um die wichtigen Dimensionen der individuellen Bedürfnisse, sozialen Problemlagen, gesellschaftspolitischen Einflussfaktoren und institutionellen Rahmenbedingungen erweitert, d. h. in einen Sinn- und Begründungszusammenhang gestellt. Geißler und Hege diskutieren den Einsatz von Methoden in der Sozialen Arbeit immer unter dem Einbezug von den beteiligten Personen (für wen, mit wem, von wem?), von individuellen Problemlagen (wo steht die Person aktuell, wohin will sie sich entwickeln?), von der Zielsetzung (was soll bzw. kann erreicht werden?), der Begründung der Zielsetzung (warum soll dies Ziel erreicht werden?), von den Interventionen (welche Handlungsschritte und Handlungselemente können sinnvoll eingesetzt werden?) sowie von institutionell-organisatorischen Rahmenbedingungen (welche zeitlichen, finanziellen und personellen Ressourcen stehen zur Verfügung?) (Geißler und Hege 2007, S. 23 ff., S. 29 ff.). Indem das Modell Konzept-Methode-Technik die Fragen nach dem Woher, dem Wohin, dem Warum, dem mit Wem dem für Wen und den von Wem thematisiert, kann es allen Beteiligten Auskünfte über die Legitimität eines sozialpädagogischen Hilfeprozesses geben.

Perspektive 2 Geißler und Hege beziehen sich in Ihrem Buch sehr explizit und sehr ausführlich auf Methodenschulen aus der Psychotherapie und deren Einsatz in der Einzelfallarbeit und der Gruppenarbeit. Die detaillierte Darstellung von einzelnen Methodenschulen nimmt etwa die Hälfte des Umfangs des gesamten Buchs ein. Geißler und Hege behandeln einerseits die psychoanalytischen Konzepte, die klientenorientierten Beratungskonzepte sowie das kommunikationstheoretisch orientierte Beratungskonzept in ihrer Anwendung in exemplarischen Situationen der Einzelfallarbeit: in der Erziehungsberatung, der Krisenintervention bei Verdacht auf Kindesmisshandlung und der Erziehungsbeistandschaft; andererseits das gruppendynamische Konzept sowie das Konzept der Gruppenpädagogik in ihrer exemplarischen Anwendung in der Gruppenarbeit: in der pädagogischen Qualifizierung von betrieblichen Ausbilder*innen. (ebs. S. 37–194). Geißler und Hege etikettieren alle von ihnen vorgestellten Methodenschulen mit dem Begriff „Konzept", also dem Herzstück ihres Modells. Das ist nicht überraschend, denn die Methodenschulen verfügen neben einem wissenschaftlich begründeten Lehrgebäude (also Theorien oder Konzepten) ebenfalls über Methoden und Techniken. Und wenn Methodenschulen mit ihren erprobten Procedere, ihren Perspektiven auf Problemlagen und ihren Anthropologien im Rahmen von sozialpädagogischen Interventionen zum Tragen kommen, dann können sie den kompletten Hilfeprozess fachlich erklären, begründen und strukturieren – von der Anamnese bis zur Abschlussevaluation. Zugleich zeigen Geißler und Hege, dass ihr Modell mit den drei klassischen Methoden kompatibel ist, denn in der Praxis können die Konzepte im Rahmen der Einzelfallarbeit und Gruppenarbeit als Methoden und Techniken eingesetzt werden. Auch wenn Geißler und Hege an einigen der von ihnen präsentierten Methodenschulen eine inhaltliche Detailkritik üben, haben sie schon früh – vor dem o. g. Psychoboom der 1980er und -90er Jahre – deren künftige Bedeutung und Einfluss auf die Methoden der Sozialen Arbeit erkannt. Trotz der überaus breiten Rezeption des Buchs von Geißler und Hege, wurde diese wichtige *Zweite Perspektive* in der Fachliteratur leider sehr häufig vernachlässigt, was letztlich zu inhaltlichen Missverständnissen und Fehldeutungen des Modells Konzept-Methode-Technik geführt hat.

Die Variante „Handlungskonzepte und Methoden" von Galuske

Die Monographie *Methoden der Sozialen Arbeit. Eine Einführung* von Michael Galuske (1959–2011), seinerzeit Professor für Sozialpädagogik an der Universität Kassel, erschien erstmals im Jahr 1998. Zwei Jahre nach dem Tod des Autors, 2013, wurde die 10. und letzte Auflage veröffentlicht. Das Buch, das von Auflage zu Auflage immer wieder überarbeitet, aktualisiert und erweitert wurde, ist bis in die Gegenwart zweifellos eine der bislang bedeutendsten und einflussreichsten Publikationen über Methoden der Sozialen Arbeit im deutschsprachigen Raum.

Galuske widmet sich in seinem Buch sehr ausführlich dem Modell Konzept-Methode-Technik und entwickelt seinen eigenen Ordnungsversuch (s. u.) auf der Grundlage von dessen Terminologie. Er hebt positiv hervor, dass das Modell von Geißler und Hege ein erweitertes Methodenverständnis im Gegensatz zu einem engen Methodenverständnis repräsentiert (siehe hierzu Abschn. „Das Modell „Konzept-Methode-Verfahren (Technik)" von Geißler und Hege"). Galuske bezeichnet ein erweitertes Methodenverständnis auch als ein „integratives Methodenverständnis" Galuske 2013, S. 30), das den Bedürfnissen sowie den komplexen individuellen und sozialen Problemlagen der Klientel der Soziale Arbeit entgegenkommt. Für Galuske besteht bei einem enges Methodenverständnis, das sich alleine auf die Frage „Wie erreiche ich das" konzentriert, die Gefahr den Sinn eines Hilfeprozesses aus den Augen zu verlieren und zu einer „Sozialtechnologie" (Galuske 2013, S. 30) zu werden: „Methoden wären dann nämlich nicht mehr als Instrumente der Modifikation von Verhaltensweisen und/oder Situationen, die erprobt und erforscht würden im Hinblick auf ihre verändernde Kraft, ihre Potentiale zur Umgestaltung von Personen und (sozialen) Konstellationen" (ebd.). Galuske plädiert also im Rahmen von Hilfeprozessen für die Notwendigkeit von umfassenden Überlegungen und Plänen im Rahmen eines hierarchischen

F. Como-Zipfel, *Das Modell „Konzept-Methode-Technik" in der Handlungslehre der Sozialen Arbeit*, essentials, https://doi.org/10.1007/978-3-658-49292-2_3

Gebildes, das die Elemente des Modells Konzept-Methode-Technik integriert. Er illustriert dies an dem Beispiel einer Reiseplanung:

> *„Versteht man Konzept als Gesamtheit der Planung und Durchführung einer Urlaubsreise, also z. B. der Festlegung des Ausgangsortes und Zielortes, der Begründung für die Wahl eines bestimmten Urlaubsortes usw.* und übersetzt man des Weiteren Methode *mit dem geplanten Weg vom Ausgangs- zum Zielort, so wird deutlich, dass man die Methode eben nicht aus ihrem konzeptionellen Zusammenhang herauslösen kann. Um im Bild zu bleiben: Die Planung einer Fahrtroute kann noch so genau sein – man hat sich die Autobahnen und Bundesstraßen im Atlas markiert, Ausweichstrecken bei Staus eingeplant, Spiele und Unterhaltung für die Kinder organisiert, die Tankstopps genau festgelegt, Übernachtungsmöglichkeiten gebucht – all dies macht überhaupt keinen Sinn, wenn nicht klar ist, wo man herkommt und wo man hin will. Es gibt keine „richtigen" Wege jenseits der Frage nach Ausgangspunkt und Ziel der Reise, aber auch jenseits der Frage nach den Mitfahrern und des zur Verfügung stehenden Fahrzeuges."* (Galuske 2013, S. 33)

Bereits 1998 entwickelte Galuske in der Erstauflage seines Buchs Methoden der Sozialen Arbeit einen vorläufigen Ordnungsversuch, den er in späteren Auflagen modifizierte. Im Folgenden wird auf dessen Endversion aus der 10. Auflage des Buchs (2013) Bezug genommen. In seinem Ordnungsversuch *Handlungskonzepte und Methoden in der Sozialen Arbeit* knüpft Galuske terminologisch zwar an das Modell von Geißler und Hege an, der Begriff Technik findet in seinem Modell jedoch keine Verwendung mehr. Zudem weißt die Doppelbezeichnung *Handlungskonzepte **und** Methoden* bereits auf eine Unsicherheit in der Abgrenzung zwischen den Begriffen Konzept und Methode hin (Krauß 2017, S. 652). Galuske (2013, S. 167 ff.) unterscheidet drei unterschiedliche Kategorien von Konzepten und Methoden voneinander:

1. die direkt interventionsbezogenen Konzepte und Methoden;
2. die indirekt interventionsbezogenen Konzepte und Methoden;
3. die struktur- und organisationsbezogenen Konzepte und Methoden.

Die Kategorie der *direkt interventionsbezogenen Konzepte und Methoden* umfasst klientelbezogene sozialpädagogische Intervention sowie Interaktion zwischen Fachkräften und Klienten/innen. Galuske binnendifferenziert diese Kategorie in zwei Subkategorien: A. Einzelfall- und primärgruppenbezogene Konzepte und Methoden; B. Gruppen- und sozialraumbezogene Konzepte und Methoden. Damit folgt er mehr oder weniger der klassischen Gliederung der Methoden in Einzelfallarbeit, Gruppenarbeit und Gemeinwesenarbeit. Zu den Einzelfall- und primärgruppenbezogene Konzepte und Methoden zählen nach Galuske: Soziale

Einzelfallhilfe, Sozialpädagogische Beratung, Klientenzentrierte Gesprächsführung, Multiperspektivische Fallarbeit, Case Management, Mediation, Sozialpädagogische Diagnose, Familientherapie, Familie in Mittelpunkt. Die Gruppen- und sozialraumbezogene Konzepte und Methoden umfassen: Soziale Gruppenarbeit, Gemeinwesenarbeit, Erlebnispädagogik, Themenzentrierte Interaktion, Konfrontative Pädagogik, Empowerment, Streetwork, Sozialraumorientierung, Prävention, Soziale Netzwerkarbeit. (Galuske 2013, S. 167)

Die Kategorie der *indirekt interventionsbezogenen Konzepte und Methoden* richtet sich an die Fachkräfte von sozialpädagogischen Einrichtungen und umfassen die Reflexion, Analyse, Diskussion und Bewertung von klientelbezogenen Intervention bzw. der eigenen Institution. Die Ziele dieser Konzepte und Methoden sind die Verbesserung der professionellen Handlungsfähigkeit, der Qualität und Wirksamkeit der Dienstleistungen sowie der strukturellen Rahmenbedingungen innerhalb einer Organisation. Zu dieser Kategorie zählt Galuske nur zwei Dienste: die Supervision und die Selbstevaluation. (ebd.)

Die Kategorie der *struktur- und organisationsbezogenen Konzepte und Methoden* (Galuske 2013, S. 167 f.) bezieht sich auf die organisatorischen und strukturellen Rahmenbedingungen von Institutionen und Trägern der Sozialen Arbeit (Organisationsentwicklung, Qualitätssicherung, Personalführung, Finanzen) sowie auf die Planung, Abstimmung, Steuerung, Bedarfsfeststellung und Finanzierung von klientelbezogenen Angeboten und Projekten in sozialen Infrastruktur von Städten und Landkreisen. Diese Kategorie umfasst ebenfalls nur zwei Dienste: das Sozialmanagement und die Jugendhilfeplanung.

Galuske räumt selbst ein, dass sein Ordnungsversuch verschiedene „Zonen mangelnder Trennschärfe (aufweisen) in der sich die ehemals vergleichsweise klar konturierten Grenzen zwischen Hilfen für Einzelne, für Gruppen und für Sozialräume zunehmend verflüssigen und auflösen" (2013, S. 169). Für Kreft und Müller ist an Galuskes Aufzählung „nicht klar, was in der Aufzählung eine Methode oder ein Konzept ist" (2008, S. 140) – dennoch loben sie seinen Ordnungsversuch als „lehrreich und verdienstvoll" (ebd.). Aus heutiger Sicht ist m. E. insbesondere die Kategorie der *direkt interventionsbezogenen Konzepte und Methoden* mit den Subkategorien *Einzelfall- und primärgruppenbezogene Konzepte* und *Methoden & Gruppen- und sozialraumbezogene Konzepte und Methoden* diskutabel. Überaus positiv zu bewerten ist, dass es Galuske gelingt, die drei klassischen Methoden in seinem Modell in neuem Gewand zu integrieren und ihnen eine Reihe von Konzepten bzw. Methoden zuzuordnen. Inhaltlich gut begründet und verdienstvoll ist auch seine Differenzierung in die beiden Kategorien *indirekt interventionsbezogenen Konzepte und Methoden* sowie in die *struktur- und organisationsbezogenen Konzepte und Methoden.* Die Gliederung in drei Haupt-kategorien und zwei Subkategorien verortet die strukturellen Rahmenbedingung des sozialpädagogischen Handelns in der Praxis der zutreffend. Zudem erscheint Galuskes Kategorien-Modell prinzipiell offen entwicklungsfähig im Sinne von Modifikationen und Aktualisierungen. Abb. 3.1.

Anfechtbar sind jedoch Galuskes inhaltliche Auswahl und Anordnung von äußerst heterogenen Perspektiven in der Kategorie *direkt interventionsbezogenen Konzepte und Methoden:* dort werden klassische Methoden (Einzelfallhilfe, Grup-penarbeit, Gemeinwesenarbeit) neben psychotherapeutischen Methodenschulen (Familientherapie, Klientenzentrierte Gesprächsführung, Themenzentrierte Inter-aktion) platziert, und Handlungsfelder (Beratung, Streetwork) neben speziellen Interventionsprogrammen (Familie im Mittelpunkt). Diese Kombination ist in der Tat eine kaum nachvollziehbare, widersprüchliche Vermengung, die eher zu einer weiteren Unordnung der Methodenlandschaft beiträgt. Trotz seiner Anleihen aus dem Modell Konzept-Methode-Technik hat Galuske sich in sei-nem eigenen Ordnungsversuch offensichtlich zu weit von dem Ansatz Geißlers und Heges entfernt. Denn dort findet sich noch eine trennscharfe Unterschei-dung zwischen den Methodenschulen, den klassischen Methoden sowie einzelnen Handlungsfeldern – eine notwendige Qualität die Galuskes Modell fehlt.

Der Vollständigkeit halber sei erwähnt, dass Michael Galuske und C. Wolf-gang Müller im Jahr 2012 in ihrem Beitrag *Handlungsformen in der Sozialen Arbeit. Geschichte und Entwicklung* im Sammelband *Grundriss Soziale Arbeit* (Thole 2012) ein nahezu deckungsgleiches Kategorien-Modell vorgestellt haben, bei dem die Namen der Kategorien und Subkategorien identisch bleiben und es lediglich bei den zugeordneten Konzepten und Methoden leichte Unterschiede gibt.

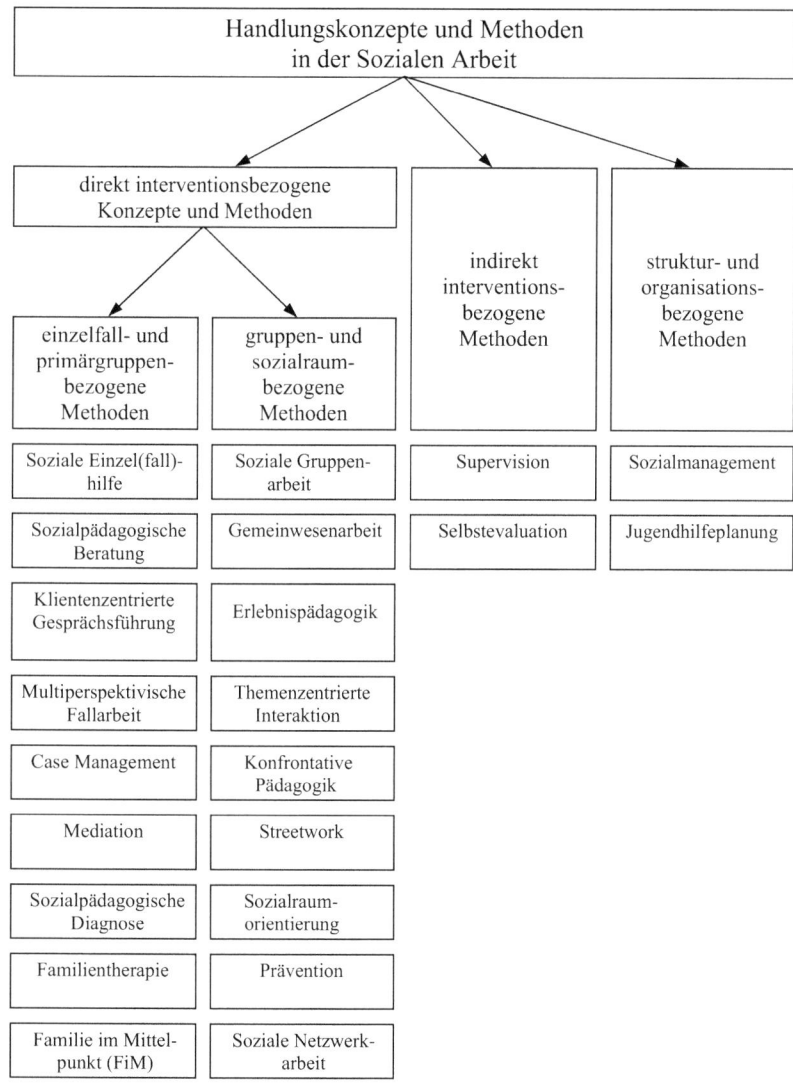

Aus: Galuske, Methoden der Sozialen Arbeit, © 2013 Beltz Verlag, Weinheim Basel

Abb. 3.1 Handlungskonzepte und Methoden in der Sozialen Arbeit. (Aus: Galuske, Methoden der Sozialen Arbeit, © 2013 Beltz Verlag, Weinheim Basel)

Die Variation „Konzept-(Methode)-Verfahren-Technik" von Kreft und Müller

4

Eine Variante des Modells Konzept-Methode-Technik stellen Dieter Kreft (*1936), seinerzeit Honorarprofessor an der Leuphana Universität Lüneburg, und C. Wolfgang Müller (1928–2021), Professor für Erziehungswissenschaften und Sozialpädagogik der Technischen Universität Berlin, erstmals im Jahr 2008 in ihrem Betrag *Konzepte, Methoden, Verfahren und Techniken in der Sozialen Arbeit* in der Zeitschrift *Theorie und Praxis der Sozialen Arbeit* (Nr. 2) vor und nochmals im Jahr 2010 in Ihrem Sammelband *Methodenlehre in der Sozialen Arbeit. Konzepte, Methoden, Verfahren, Techniken.* Kreft und Müller beabsichtigen, dass ihr Ordnungsversuch den „Studierenden, Lehrenden und Praktikern/-innen hilft, sich besser in der 'Methodendschungel´ einzuarbeiten und/oder sich darin zurechtzufinden" (2017, S. 11). Die Variante der beiden Autoren ist auf eine breite Rezeption gestoßen und hat den Methodendiskurs nachhaltig beeinflusst. So liegt ihr Sammelband mittlerweile in der 4. Auflage (2023) und unter neuer Herausgeberschaft (Christian Spatscheck & Dieter Kreft) vor.

Ausschlaggebend für die Unübersichtlichkeit der Methodenlandschaft ist für Kreft und Müller insbesondere unpräzise Terminologie, die durch eine mangelnde Trennschärfe im Gebrauch von methodischen Fachbegriffen entsteht. Die beiden Autoren entwickeln in Ihren Versuch drei durchaus einschneidende Vorschläge um das „Begriffswirrwarr" (2008, S. 135) zu entwirren und um eine praktische wie systematische Verständigung in der sozialarbeiterischen und sozialpädagogischen Ausbildungs- und Weiterbildungspraxis zu realisieren:

1. Es soll nur noch zwischen *Konzepten, Methoden, Verfahren* und *Techniken* unterschieden werden, weil darunter alle Formen methodischen Handelns in der Sozialen Arbeit (einigermaßen trennscharf) gefasst werden können (ebd.);

F. Como-Zipfel, *Das Modell „Konzept-Methode-Technik" in der Handlungslehre der Sozialen Arbeit*, essentials, https://doi.org/10.1007/978-3-658-49292-2_4

2. Dem Begriff der *Methoden* soll der Begriff *Konzept* vorgeordnet und die Begriffe *Verfahren* und *Techniken* nachgeordnet werden. Also: Konzept, Methode, Verfahren, Techniken. Das „vor" und das „nach" stellt keine Rangfolge dar, sondern eine chronologische Abfolge. (2017, S. 20);

3. Der Methodenbegriff soll künftig nur noch für die drei klassischen Methoden benutzt werden, da alle anderen regelbasierte Handlungen *Verfahren* sind, die wirksam durch die Kenntnis von *Techniken* unterstützt werden können. (2017, S. 11)

Kreft und Müller beziehen sich terminologisch zwar einerseits auf das Modell Konzept-Methode-Technik von Geißler und Hege und würdigen es als „Klassiker der Methodenlehre" (2008, S. 140), andererseits kritisieren sie, dass Geißler und Hege „von psychoanalytischen, klientenzentrierten, kommunikationstheoretischen, gruppendynamischen und gruppenpädagogischen Konzepten, Methoden und Verfahren (sprechen). Diese begriffliche Diversifizierung verwirrt, hilft jedenfalls nicht dabei, jedem Begriff ‚einen eigenen abgrenzbaren Inhalt' zuzuordnen (also zu orientieren)" (ebd.). Für Kreft und Müller ist der Ordnungsversuch von Geißler und Hege also auch ein weiterer Mosaikstein, der zur sprachlichen Verwirrung in der Methodenlandschaft beiträgt.

Trotz der Kritik an dem Ausgangsmodell von Geißler und Hege orientiert sich der Ordnungsversuch von Kreft und Müller sehr stark an dessen Logik und hierarchischem Aufbau. Sie betonen, dass das Konzept als zweckgebundene Absichtserklärung über die geplante und Vorgehensweise in einem sozialpädagogischen Hilfeprozess die unverzichtbare Basis und Vorarbeit für das weitere methodische Handeln darstellt (ebd.). Der Begriff Methode hingegen bleibt bei Kreft und Müller unscharf und ist kaum von dem Begriff Verfahren zu trennen. Die Autoren orientieren sich allgemeinen Methoden-Definitionen „auf einem Regelsystem aufgebautes Verfahren (…) auf einem genauen Plan beruhend" (Geißler und Hege 2017, S. 21) oder ein angemessenes Vorgehen nach den „aktuellen Regeln der Kunst" was jedoch wiederum ein Verfahren ist (ebd. S. 21 f.). Diese Unbestimmtheit führt Kreft und Müller zu der beachtenswerten und radikalen Überlegung, den Begriff Methode (und damit wohl auch gleichzeitig die Begriffe methodisches Handeln, Methodik und Methodologie) alleine für die drei klassischen Methoden zu reservieren. Sie führen dazu die folgenden beiden Begründungen an:

1. Weil es einen „inflationäre Gebrauch" des Begriffs Methode gäbe und „irgendwann wäre sonst jedes Handeln, das Regeln folgt, eine Methode" (…) „Man hat inzwischen den Eindruck, alles, ‚was etwas mit geordnetem, planmäßigem

Handeln' zu tun hat, werde unter den Oberbegriff ,Methoden' gestellt". (Kreft und Müller 2008, S. 141);

2. Weil die drei klassischen Methoden – also die soziale Einzelfallhilfe, die soziale Gruppenarbeit und die Gemeinwesenarbeit – „nach Herkunft und Entwicklung den drei kommunikativen Grundmustern allen sozialpädagogischen/sozialarbeiterischen Handelns: Als face to face Beziehung, handelnd in Gruppen, agierend im sozialen Nahraum" (ebd.) entsprechen.

Diese beiden Begründungen von Kreft und Müller erscheinen disputabel. Gegen die erste Begründung ist einzuwenden, dass ein häufiger und bisweilen unsachgemäßer Gebrauch des Begriffs „Methode" zwar zu einer Verwirrung beitragen kann, jedoch eine Quasi-Elimination dieses Terminus aus der Fachsprache durch dessen Auslagerung in den Kanon der Klassischen Methoden nicht der richtige Weg sein kann. Es sollte m. E. vielmehr erreicht werden, dass der Begriff von Fachleuten präzise, trennscharf, fach- und sachgerecht verwendet wird. Hierfür ist in erster Linie eine entsprechende Vermittlung der Terminologie durch die Fachliteratur sowie durch die Aus- und Weiterbildung der Sozialen Arbeit der richtige Rahmen. Gegen die zweite Begründung ist einzuwenden, dass alleinige Zuordnung des Begriffs Methode zu den drei klassischen Methoden, einen denkbar ungünstigen Schachzug darstellt, denn gerade die Einzelfallhilfe, die Gruppenarbeit und die Gemeinwesenarbeit sind keine Methoden im eigentlichen Sinne, sondern Sozialformen oder Arbeitssettings (siehe hierzu Abschn. „Die Ausgangslage: Eine ungeordnete Methodenlandschaft")

Innerhalb des Ordnungsversuchs von Kreft und Müller erhält zumindest der Begriff *Verfahren* eine indirekte Konkretisierung – insbesondere dadurch, dass sie einen exemplarischen Katalog mit sozialpädagogischen Handlungsfeldern vorlegen, die die Bezeichnung „Verfahren" erhalten. In der aktuellen Auflage ihres Sammelbandes *Methodenlehre in der Sozialen Arbeit* (2023) findet sich folgende Übersicht bzgl. der Verfahren: Soziale Diagnostik/Fallverstehen; Hilfeplanung; Beratung; Mediation; Hausbesuche; Kinderschutzarbeit; Biographiearbeit; Erlebnispädagogik; Straßensozialarbeit; Supervision; Coaching; Evaluation und Selbstevaluation; Jugendhilfeplanung; Qualitätsmanagement und Qualitätsentwicklung; Sozialmanagement; Öffentlichkeitsarbeit.

Kreft und Müller siedeln die Ebene der Technik unterhalb von Methoden und Verfahren an. Damit folgen sie wiederum der Logik des Modells von Geißler und Hege und definieren den Begriff wie folgt: Techniken sind „erprobte, standardisierte Verhaltensmuster, deren Wirkung mit hoher Wahrscheinlichkeit voraussagbar ist" (Kreft und Müller 2008, S. 141) und werden von den Fachkräften in der Praxis in entsprechenden Aufgaben bzw. Arbeitssituation eingesetzt.

Sie sind eigenständig einsetzbare Teil-Elemente bzw. Routinen innerhalb der Rahmenstruktur eines übergeordneten Verfahrens. Ebenso wie für die Verfahren findet sich in der aktuellen Auflage von *Methodenlehre in der Sozialen Arbeit* (2023) ein exemplarischer Katalog von Techniken: Fragen, Nachfragen, Zuhören; Genogrammarbeit; VIP-Karten/Netzwerkkarten; Aufstellungsarbeit; Tetralemma; Spielen und Spiele; Rollenspiel.

Der Ordnungsversuch von Kreft und Müller ist ambitioniert und stellt einen nachvollziehbar strukturierten Orientierungsrahmen dar, der sich in der Logik des Ausgangsmodells von Geißler und Hege bewegt, jedoch neue Akzente setzt. Das allgemeine Begriffswirrwarr rund um die Terminologie der Methoden der Sozialen Arbeit kann dieser Versuch dennoch nur partiell reduzieren – zumal sich der Vorschlag, den Methoden-Begriff alleine den Klassischen Methoden zuzuordnen, in der Fachliteratur nicht durchgesetzt hat. Die beiden Kataloge mit den exemplarisch aufgelisteten Verfahren und Techniken sind als durchaus heterogen zu bezeichnen und deren inhaltliche Systematik bzw. die jeweiligen Auswahlkriterien werden von den Autoren nicht explizit definiert. Bemerkenswert ist zudem, dass sich Kreft und Müller weder in Ihrem Zeitschriftenbeitrag, noch in den vier Auflagen ihres Sammelbands näher mit den einflussreichen psychotherapeutischen Methodenschulen auseinandersetzen und versuchen, diese in ihren Ordnungsversuch zu integrieren – mit Ausnahme der Gruppendynamik, die auch schon von Geißler und Hege in ihrer Monographie (1978) behandelt wurde.

Didaktisches Material: Beispiele und Visualisierungen

Um die Struktur des Modells Konzept-Methode-Technik von Geißler und Hege in der Lehre zu verdeutlichen, bieten sich Visualisierungen an, die die hierarchische Anordnung der drei Ebenen verdeutlichen. Im Folgenden werden drei Beispiele (eines aus dem privaten Alltag, zwei aus unterschiedlichen Handlungsfeldern der Sozialen Arbeit) dargestellt, die aufzeigen sollen, welche Perspektive dieses theoretische Modell für die Verortung von Methoden in der Praxis der Sozialen Arbeit einnehmen kann.

Beispiel A: Reiseplanung einer Familie (Fahrt vom Heimatort zum Zielort)
Dieses Beispiel bezieht auf das Buch *Methoden der Sozialen Arbeit* (2013) von Michael Galuske und wurde bereits im Abschn. 3 zitiert. Galuske versucht an einem Beispiel aus dem privaten Alltag einer Familie die Logik des Modells von Geißler und Hege zu verdeutlichen. Im Folgenden wird das Beispiel von Galuske etwas variiert und anschließend im Rahmen des Modells Konzept-Methode-Technik visualisiert (Abb. 5.3, Eigene Darstellung):

Eine Familie (Mutter, Vater, zwei Kinder im Grundschulalter) will eine gemeinsame Urlaubsreise zu unternehmen. Die Reise findet an einem bestimmten Zeitpunkt (Sommerferien) statt und startet vom Heimatort der Familie, Hamburg, der Zielort ist Wien.

Als ersten Schritt plant die Familie, auf welchem Weg bzw. mit welchem Transportmittel sie nach Wien reisen will. Welches Transportmittel die Familie auswählt hängt nicht nur von der Entfernung von Heimatort zum Zielort ab, sondern auch von den finanziellen Möglichkeiten sowie den geplanten Aktivitäten in und um Wien. Folgende Transportmittel zum Zielort stehen prinzipiell für die Reise nach Wien zur Verfügung: ein Zug, ein Reisebus, das eigene Auto oder ein Flugzeug – andere Möglichkeiten

F. Como-Zipfel, *Das Modell „Konzept-Methode-Technik" in der Handlungslehre der Sozialen Arbeit*, essentials, https://doi.org/10.1007/978-3-658-49292-2_5

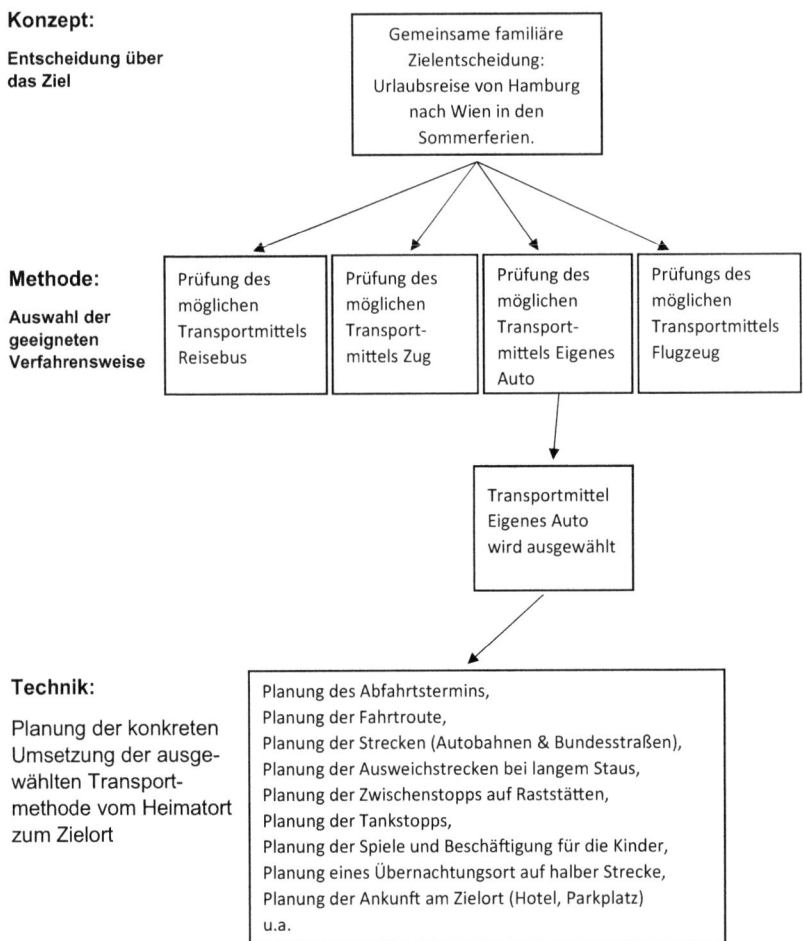

Konzept:

Entscheidung über
das Ziel

Gemeinsame familiäre
Zielentscheidung:
Urlaubsreise von Hamburg
nach Wien in den
Sommerferien.

Methode:

Auswahl der
geeigneten
Verfahrensweise

Prüfung des
möglichen
Transportmittels
Reisebus

Prüfung des
möglichen
Transport-
mittels Zug

Prüfung des
möglichen
Transport-
mittels Eigenes
Auto

Prüfungs des
möglichen
Transportmittels
Flugzeug

Transportmittel
Eigenes Auto
wird ausgewählt

Technik:

Planung der konkreten
Umsetzung der ausge-
wählten Transport-
methode vom Heimatort
zum Zielort

Planung des Abfahrtstermins,
Planung der Fahrtroute,
Planung der Strecken (Autobahnen & Bundesstraßen),
Planung der Ausweichstrecken bei langem Staus,
Planung der Zwischenstopps auf Raststätten,
Planung der Tankstopps,
Planung der Spiele und Beschäftigung für die Kinder,
Planung eines Übernachtungsort auf halber Strecke,
Planung der Ankunft am Zielort (Hotel, Parkplatz)
u.a.

Abb. 5.1 Reiseplanung eine Familie (Fahrt vom Heimatort zum Zielort)

*(zu Fuß, mit dem Fahrrad, mit dem Schiff) fallen aufgrund der räumlich-zeitlichen
Bedingungen aus.*

*Die Familie entscheidet sich dafür, mit dem eigenen, neuen Auto nach Wien zu fah-
ren. Die Eltern übernehmen nun die genaue Planung der Fahrtroute, die Strecken auf*

den Autobahnen und Bundesstraßen, die Ausweichstrecken bei langen Staus, die Zwischenstopps auf Raststätten, die Tankstopps, Beschäftigung für die Kinder sowie einen Zwischenstopp zur Übernachtung auf halber Strecke.

Beispiel B: Supervision für Soziale Berufe

Galuske (2013, S. 167 f.) zählt die Supervision zu den *indirekt interventionsbezogenen Konzepten und Methoden.* Die Supervision hat in der Sozialen Arbeit eine Tradition, die sich im anglo-amerikanischen Raum bis in das späte 19. Jahrhundert zurückverfolgen lässt - der diesbezüglich aus dem Englischen übernommene Begriff *Supervision* bedeutet „Beaufsichtigung" oder „Aufsicht". Supervision in der Sozialen Arbeit ist eine spezielle Beratungsform in der Arbeitswelt von Fachleuten für Fachleute und umfasst Einzelpersonen, Arbeitsteams oder andere Gruppen. Ziel von Supervision ist es, durch eine von erfahrenen Experten*innen angeleitete Reflexion die Fachlichkeit der Teilnehmer*innen weiterzuentwickeln und sie bei der Bewältigung von Problemen im Berufsalltag (fall- oder organisationsbezogen) zu unterstützen. Sie dient der Verbesserung der Handlungskompetenz, Steigerung der Arbeitszufriedenheit und Überprüfung der Wirksamkeit des eigenen professionellen Handelns. Supervision in der Sozialen Arbeit ist daher auch ein Instrument der Qualitätssicherung sowie der Personal- und Organisationsentwicklung. Zudem sind die inhaltlichen Schwerpunktsetzungen, die institutionellen Rahmenbedingungen, die individuellen Dienstleistungsvereinbarungen und die angewendeten Methoden der Supervision in der Sozialen Arbeit als äußerst heterogen zu bezeichnen (Como-Zipfel 2022, S. 3 ff.)

Die folgende Abbildung (Abb. 5.2: Eigene Darstellung) verortet die unterschiedlichen Funktionen, Aufträge, Methoden und Sozialformen von Supervision in der Sozialen Arbeit im Rahmen des Modells Konzept-Methode-Technik von Geißler und Hege.

Beispiel C: Hausbesuche in der Sozialen Arbeit

Hausbesuche gehören neben der Straßensozialarbeit (Streetwork) zur Arbeitsform der aufsuchenden Sozialen Arbeit, also zu den Interventionen, bei denen die Klientel aktiv in deren persönlichen, privaten und alltäglichen Lebensumfeld aufgesucht wird. Insofern sind Hausbesuche im Allgemeinen den *direkt interventionsbezogenen Konzepten und Methoden* sowie im Speziellen den *Einzelfall- und primärgruppenbezogene Konzepte und Methoden* (Galuske 2013, S. 167 f.) zuzuordnen. In der Praxis der Sozialen Arbeit haben Hausbesuche eine lange Tradition, die bis in das späte 19. Jahrhundert (sogenannte „friendly visitors" in den Slums amerikanischer Großstädte) zurückführt. Die Durchführung von Hausbesuchen ist in verschiedenen

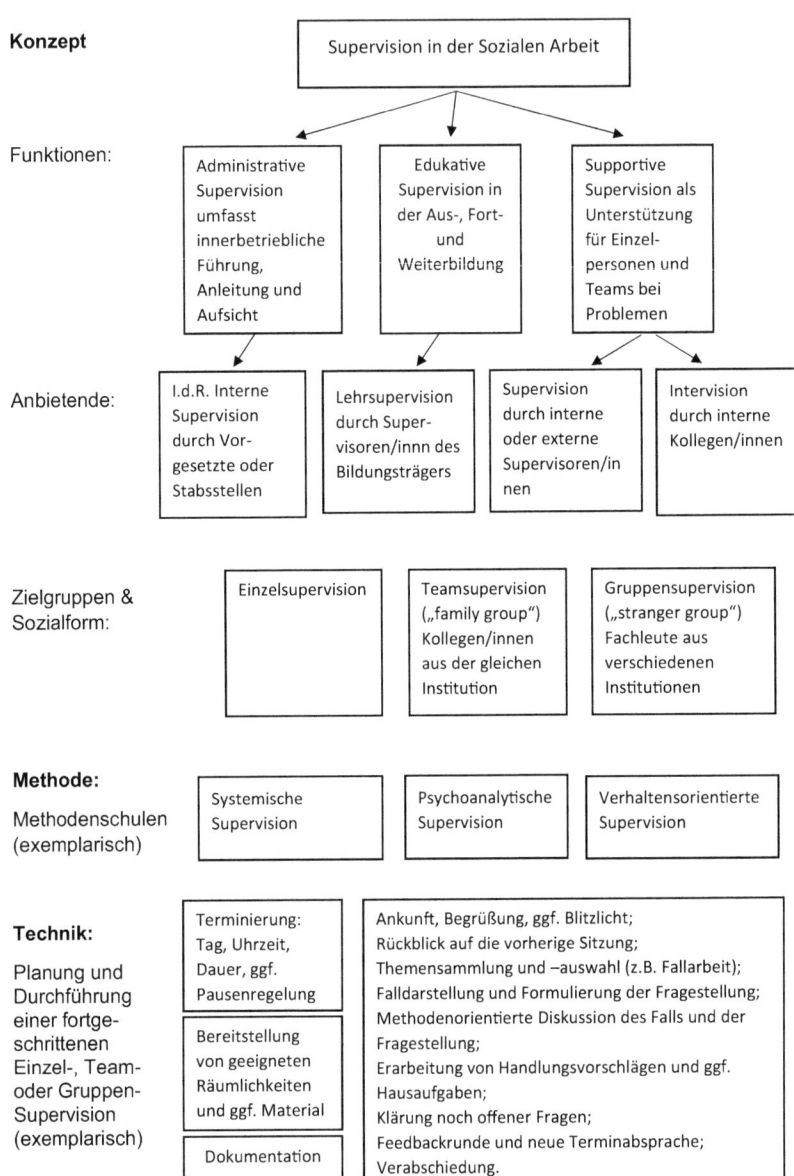

Abb. 5.2 Supervision in der Sozialen Arbeit

gesetzlichen Grundlagen geregelt und findet in ganz verschiedenen Handlungsfeldern der Sozialen Arbeit statt. Sie können im Rahmen von freiwilligen Hilfen oder im Zwangskontext durchgeführt werden. Je nach Zielgruppe und Auftrag haben Hausbesuche einen eher unterstützend-fördernden Charakter (z. B. Sozialpädagogische Familienhilfe), einen diagnostisch-bewertenden Charakter (z. B. Risikoabschätzung bei Kindeswohlgefährdung oder akuter Suizidalität) oder einen eher kontrollierend-helfenden Charakter (z. B. in der Bewährungshilfe). Die Inhalte, organisatorischen Rahmenbedingungen, Aufträge, Ziele und Formen (angemeldet oder unangemeldet) von Hausbesuchen hängen von der jeweiligen Fallkonstellation ab und können sich dabei sehr unterscheiden - ebenso wie dort die angewendeten Methoden. Zudem ist zu berücksichtigen, dass Hausbesuche aus professionsethischer Sicht ein herausforderndes Setting darstellen – sowohl für die Klientel, als auch für die Fachkräfte. Denn sie finden unmittelbar im privaten Wohnbereich und der persönlichen Lebensumwelt der Betroffenen Klientel statt und erfordern daher für alle Beteiligten ein Höchstmaß an Verantwortlichkeit und Schutz. (Como-Zipfel u. a. 2023, S. 11 ff.). Abb. 5.3.

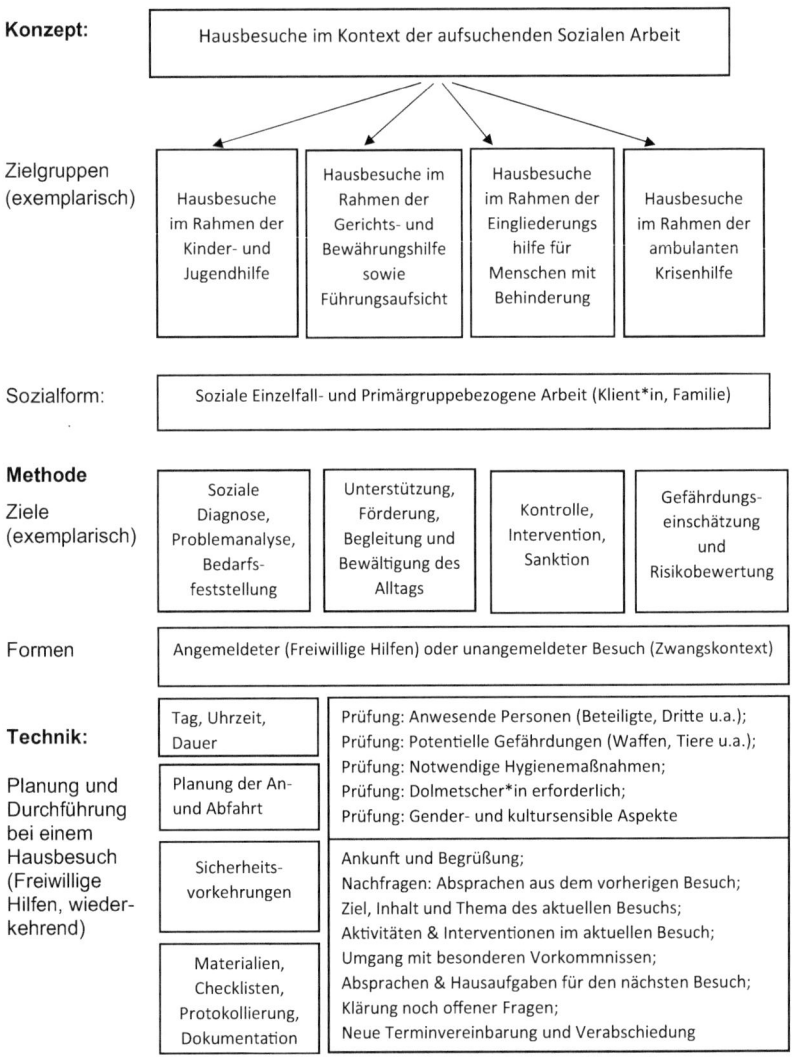

Abb. 5.3 Hausbesuche in der Sozialen Arbeit

Was Sie aus diesem *essential* mitnehmen können

- Selbst für ausgewiesene Fachleute ist die Methodenlandschaft in der Sozialen Arbeit bereits seit mehreren Jahrzehnten unüberschaubar, unsystematisch und überfordernd. Es fehlt bislang an einem verbindlichen Orientierungsrahmen bzw. einer Ordnungssystematik.
- Die Terminologie der Methoden der Sozialen Arbeit verfügt häufig über keine Trennschärfe, ist oftmals unpräzise und widersprüchlich. Dies trägt zur Unordnung der Methodenlandschaft bei.
- Die Methoden der Sozialen Arbeit werden in der Fachwelt seit Jahrzehnten kontrovers und unter verschiedenen Perspektiven diskutiert: inhaltlich, fachlich, berufspolitisch und gesellschaftskritisch.
- In den vergangenen Jahrzehnten sind nur wenige Versuche unternommen worden, der Methodenlandschaft einen umfassenden inhaltlichen und sprachlichen Ordnungsrahmen zu geben, der die Theorie und Praxis der Sozialen Arbeit angemessen abbildet.
- Bis heute wegweisend und maßgebend ist der anspruchsvolle Ordnungsversuch „Konzept-Methode-Technik" von Geißler und Hege sowie die Variationen dieses Modells durch Galuske, Kreft und Müller. All diese Versuche haben zwar eine innere Überzeugungskraft, sind jedoch auch disputabel.
- Der Charakter und die Logik des Modells „Konzept-Methode-Technik" ist komplex. Über Beispiele und Visualisierungen kann die Systematik des Modells zielführend vermittelt werden.

Zum Schluss

In Anbetracht der bis in die Gegenwart vorherrschende Unübersichtlichkeit in der Methodenlandschaft der Sozialen Arbeit sind die mittlerweile schon klassischen Ordnungsversuche von Geißler und Hege, von Galuske sowie von Kreft und Müller als unbedingt erforderlich zu bewerten – und auch noch heute maßgebend. Alle drei Versuche sind differenziert, elaboriert, reflektiert, ambitioniert und unübersehbare Meilensteine im Methodendiskurs der Handlungslehre. Doch trotz der inhaltlichen Geschlossenheit aller drei Versuche sind sie nicht ganz frei von „Zonen mangelnder Trennschärfe" (Galuske 2013, S. 169) und „unabgesicherten Interpretationen" (Geißler und Hege 2007, S. 36) – Schwächen, die von Kreft und Müller auch an mehreren Stellen eingeräumt werden. Folgerichtig deklarieren sie ihre Modelle auch nur als „Vorschlag" (Kreft und Müller 2008, S. 139) oder „Versuch" (Geißler und Hege 2007, S. 20; Galuske 2013, S. 69). Rückblickend sind die drei Ordnungsversuche für alle Fachleuten aus der Praxis, Studierende und Lehrenden zwar wichtige Orientierungsgrößen, dennoch konnte bislang keiner der Versuche für sich beanspruchen, eine nachhaltige Ordnung, Systematik, Standardmodell oder Rahmenstruktur in der Methodenlandschaft etabliert zu haben, auf die sich die Fachwelt im deutschsprachigen Raum hätte einigen können. Die nötige sprachliche Trennschärfe zwischen vielen Begriffen und Inhalten rund um das methodische Handeln besteht in vielen Bereichen leider noch immer – und damit auch alle Unsicherheiten. Es gibt bislang noch keine *einheitliche Feldtheorie* und keine *verbindliche Landkarte* zur Ordnung der Methoden in der Sozialen Arbeit. So bleibt uns jedoch im Zweifelsfall auch gegenwärtig immer noch der Rückgriff auf den Ordnungsversuch mit dem bislang offenstem Spektrum, der größten Autorität und der stärksten inhaltlichen Überzeugungskraft: dem Modell Konzept-Methode-Technik von Geißler und Hege.

Literatur

Amthor, R.C. (2012): Einführung in die Berufsgeschichte der Sozialen Arbeit. Weinheim: Beltz Juventa

Amthor, R.C. (2023): Handlungskonzepte – Allgemeine Grundlagen. In: R.C. Amthor, S. James, D. Kulke: Lehrbuch Handlungskonzepte der Sozialen Arbeit. Weinheim: Beltz Juventa, S. 13–42

Bartmann, U. (2013): Verhaltensmodifikation als Methode der Sozialen Arbeit, 4. Auflage, Tübingen

Buestrich, M. & Wohlfahrt, N. (2008) Die Ökonomisierung der Sozialen Arbeit. In: Aus Politik und Zeitgeschichte 12/13 2008, S. 17–24.

Como-Zipfel, F. (2013): Wissenschaftshistorische und berufsethische Grundlagen der Verhaltensorientierten Sozialen Arbeit; In: M. Blanz, F. Como-Zipfel, F.J. Schermer (Hg.), Verhaltensorientierte Soziale Arbeit. Grundlagen, Methoden, Handlungsfelder; Stuttgart: Kohlhammer, S. 13–33

Como-Zipfel, F. & Lanig, S. (2022): Verhaltensorientierte Supervision für soziale und pädagogische Berufe. Wiesbaden: Springer

Como-Zipfel, F., Hahn, G. & Kilian, D. (2023): Allgemeines Handlungsmodell Hausbesuche. Materialien zur Praxis aufsuchender Sozialer Arbeit. Tübingen: DGVT

Galuske, M. (2013): Methoden der Sozialen Arbeit: Eine Einführung. 10. Aufl., Weinheim & Basel: Beltz Juventa

Galuske, M. & Müller, C.W. (2012): Handlungsformen in der Sozialen Arbeit. Geschichte und Entwicklung. In: W. Thole (Hg.), Grundriss Soziale Arbeit. 4. Aufl., Wiesbaden: Springer, S. 597–610

Geißler, K.A. & Hege, M. (1978): Konzepte sozialpädagogischen Handelns. München: Urban & Schwarzenberg

Geißler, K.A. & Hege, M. (2007): Konzepte sozialpädagogischen Handelns. Ein Leitfaden für soziale Berufe. 11. Aufl., Weinheim: Juventa

Krauß, E.J. (2017): Methoden Sozialer Arbeit. In: D. Kreft & I. Mielenz (Hg.), Wörterbuch Soziale Arbeit. Aufgaben, Praxisfelder, Begriffe und Methoden der Sozialarbeit und Sozialpädagogik, 8. Aufl., Weinheim & Basel: Beltz Juventa, S. 651–656

Kreft, D. & Müller, C.W. (2008): Konzepte, Methoden, Verfahren und Techniken in der Sozialen Arbeit – Ein praxisorientierter Ordnungsversuch für das Handeln nach den Regeln der Kunst. In: Theorie und Praxis der Sozialen Arbeit, Nr. 2/2008, S. 134-143

F. Como-Zipfel, *Das Modell „Konzept-Methode-Technik" in der Handlungslehre der Sozialen Arbeit*, essentials, https://doi.org/10.1007/978-3-658-49292-2

Kreft, D. & Müller, C.W. (2017): Methodenlehre in der Sozialen Arbeit. Konzepte, Methoden, Verfahren, Techniken. 2. Aufl., München: Ernst Reinhardt Verlag

Müller, C.W. (1998): Methodenlehre als Beitrag zur Professionalisierung in der Sozialen Arbeit. In: S. Mrochen, E. Bertold, A. Hesse (Hg.): Standortbestimmung sozialpädagogischer und sozialarbeiterischer Methoden. Weinheim: Beltz S. 16–27

Schilling, J. (1993): Didaktik/Methodik der Sozialpädagogik, Neuwied: Luchterhand

Spatscheck, Ch. (2022): Methodisches Handeln in der Sozialen Arbeit: Die zentralen Diskurslinien der Methodendebatte im Überblick. In: C. Bleck & A. van Rießen (Hg.), Soziale Arbeit mit alten Menschen. Wiesbaden: Springer, S. 569–583

Spatscheck, Ch. & Kreft, D. (2023): Methodenlehre in der Sozialen Arbeit: Konzepte, Methoden, Verfahren, Techniken. 4. Aufl., München: Ernst Reinhard Verlag